Contraste insuffisant
NF Z 43-120-14

Illisibilité partielle

Valable pour tout ou partie
du document reproduit

AF227054

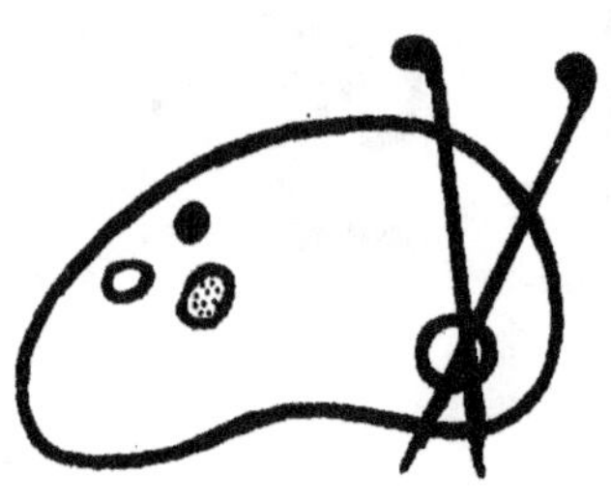

Original en couleur

NF Z 43-120-8

Couverture inférieure manquante

L'HYMNOLOGIE

DANS L'OFFICE DIVIN

PAR

Le chanoine Ulysse CHEVALIER

CORRESPONDANT DE L'INSTITUT

LYON
E. VITTE, LIBRAIRE
Place Bellecour, 3

PARIS
A. PICARD, LIBRAIRE
Rue Bonaparte, 82

1894

(12)

ÉTUDES LITURGIQUES

L'HYMNOLOGIE

DANS L'OFFICE DIVIN

PAR

Le chanoine Ulysse CHEVALIER

CORRESPONDANT DE L'INSTITUT

LYON
E. VITTE, LIBRAIRE
Place Bellecour, 3

PARIS
A. PICARD, LIBRAIRE
Rue Bonaparte, 82

1894

L'HYMNOLOGIE

DANS L'OFFICE DIVIN [1]

———

Il y aurait péril à dire que la science ecclésiastique, dans son ensemble, a suffisamment bénéficié des légitimes progrès de la science moderne. Si, grâce aux travaux poursuivis depuis cinquante ans en Allemagne et en Angleterre, les textes originaux de la Sainte Ecriture paraissent à peu près restitués dans leur forme primitive, c'est — en dehors de l'intérêt exceptionnellement vivace du sujet — que la recherche de l'antiquité tourne de plus en plus les esprits vers l'étude de la philologie. Celle de l'archéologie, dont les monuments frappent incessamment les regards, attire par l'attente de découvertes inespérées ; elle est l'objet d'observations quotidiennes, de publications fréquentes. Ses résultats — il faut le regretter — intéressent peu le clergé distrait par d'autres soins et pénètrent moins encore dans le courant des ouvrages de vulgarisation. La science des antiquités chrétiennes a été renouvelée de fond en comble par les admirables travaux de M. de Rossi ; et cependant la théologie des catacombes est encore à faire : ce nouveau lieu théologique a peine à entrer dans la dogmatique positive.

(1) Cette étude est l'introduction d'un volume, qui sortira prochainement des presses de Desclée à Tournai, sous ce titre : *Poésie liturgique traditionnelle de l'Eglise catholique en Occident.*

Pour l'ensemble de la patrologie, on n'a pas dépassé les éditions — presque toujours excellentes — des Bénédictins. Les travailleurs n'auront jamais assez de reconnaissance envers le grand éditeur de Montrouge, l'abbé Migne, et son inspirateur, dom Pitra ; la reproduction économique de la tradition latine et grecque a été l'un des plus grands services rendus de notre temps à l'érudition. On ne s'est pas fait faute au delà du Rhin d'en critiquer avec amertume les volumes à leur apparition : on les cite communément aujourd'hui. De nouvelles éditions critiques ont été entreprises, soit isolément, soit parmi les dernières sections des *Monumenta Germaniae historica* ; l'académie des sciences de Vienne a même entrepris tout un *Corpus scriptorum ecclesiasticorum latinorum*. Non dépourvus de mérites, ces travaux ne sont pas sans défauts ; d'ailleurs à tous les bénédictins « laïques » il manque un sens que rien ne saurait racheter, le sens des choses ecclésiastiques. Au clergé français revient le mérite de quelques tentatives dans le champ des langues orientales : M. l'abbé Graffin a entrepris la publication d'une Patrologie syriaque ; M. l'abbé Bedjan a déjà donné dans la même langue trois volumes d'Actes de martyrs et de saints. Mais c'est la Patrologie grecque, correspondant à la période ante-nicéenne, qui est incessamment renouvelée : on a peine à tenir au courant la bibliographie des ouvrages qui paraissent par centaines sur la moindre parcelle arrachée à l'oubli des âges précédents, la Διδαχή par exemple.

Si saint Thomas d'Aquin n'eût été qu'un vulgaire annaliste du moyen âge, il y a beau temps que ses œuvres, les principales du moins, eussent trouvé un Pertz quelconque pour en soumettre le texte à des recherches approfondies. Des dominicains Hollandais ont, je le sais, entrepris sous les auspices de Léon XIII une édition monumentale de l'Ange de l'Ecole ; les meilleurs manuscrits ont été mis à profit à cet effet. Mais, outre que sur l'auteur lui-même on s'est borné à réimprimer les *Dissertations* de Rossi (Bern. Mar. de Rubeis), vieilles de cent cinquante ans, la science actuelle ne saurait se contenter de ces efforts. Pour les

Sommes philosophique et théologique, en particulier, il y a un double travail à entreprendre : 1° vérifier les nombreuses citations d'auteurs latins, grecs, arabes, faites souvent de mémoire par le docteur angélique, en rétablir le texte exact, le reproduire même dans la langue originale, constater les erreurs d'attribution et en signaler les causes ; 2° rechercher et signaler dans les théologiens antérieurs les plus voisins de saint Thomas les passages, probablement très nombreux, qu'il a enchâssés dans sa rédaction, sans croire nécessaire d'en indiquer la source. En matière de propriété littéraire, le moyen âge avait des idées toutes différentes des nôtres : les travaux antérieurs étaient considérés comme un bien commun, dans lequel chacun se donnait le droit de puiser sans hésitation (1).

La liturgie, qui va nous occuper spécialement, a été jadis l'objet de savantes recherches; sans amener des résultats définitifs, elles ont néanmoins fixé bien des points. Les noms de Gavanti, Bona, Mabillon, Tommasi, Grancolas, Martène, Assemani sont de ceux qui mériteront toujours la gratitude des liturgistes. Le délaissement dans lequel cette science a été réléguée jusqu'à nos jours tient à deux causes bien diverses.

Autant les monuments liturgiques, qui peuvent servir de base à une étude, sont nombreux pendant la période où ils sont en usage, autant ils disparaissent rapidement dès que de nouvelles éditions les ont remplacés. Les Bréviaires et Missels communs en France, il y a quarante ans à peine, ne sont-ils pas déjà rares ? On juge par là de ce qu'il doit en être des premiers imprimés. Pour s'en faire une idée exacte, il suffit de parcourir le *Catalogus Missalium ritus latini*, rédigé avec tant de soin par M. WEALE. On y constate que les Missels incunables des simples évêchés ne se retrouvent souvent que par unité; bon nombre ne sont

(1) L'Institut catholique de Lyon n'a pas perdu le souvenir d'une intéressante thèse de doctorat en théologie, qui donna lieu de constater à la soutenance qu'un pape (Honorius III) ne s'était pas fait scrupule de prendre à son prédécesseur immédiat (Innocent III) des morceaux de sermons pour les intercaler dans les siens.

connus que par une mention déjà ancienne. Nul doute que le souvenir de beaucoup n'ait lui-même disparu. La preuve indirecte de cette affirmation est fournie par ce fait que le plus ancien Missel imprimé ne remonte pas au delà de 1475 : est-il croyable que pour un ouvrage, copié à tout le moins autant que la Bible, on ait attendu vingt ans avant de faire usage de l'art admirable inventé par Gutenberg (1) ? Et cependant nul doute que ces livres usuels n'aient été tirés à grand nombre d'exemplaires. Pour m'en tenir à une simple collégiale de province, une délibération du chapitre de Saint-Barnard de Romans nous apprend que son Bréviaire, imprimé en 1518 dans des circonstances assez dramatiques, fut tiré à 650 exemplaires (2). Veut-on savoir combien ont triomphé des destructions de tout genre ? quatre ou cinq au plus. Et c'est relativement beaucoup : le Bréviaire de Vienne de 1489, celui de Paris de 1470 environ, même celui de Lescar de 1541 (réimprimé récemment) n'existent plus que par unité.

Si nous remontons plus haut, à l'époque où la plume des copistes était fréquemment occupée à transcrire et enluminer des Sacramentaires, des Missels, des Bréviaires, etc., on est effrayé de la pénurie dans laquelle le moyen âge nous a laissés sur sa liturgie. Il n'est guère d'auteur païen dont on ne possède plus de manuscrits que des livres d'office d'une église particulière. Si nous voulons dépasser l'époque carolingienne, qui fut si remarquable au point de vue liturgique, nous errons dans une obscurité presque complète. On connaît actuellement la presque totalité des richesses conservées dans les bibliothèques publiques et même privées : n'importe, on n'a pas encore pu retrouver un seul exemplaire de la liturgie Romaine antérieure à Charlemagne ; les explorateurs les plus intrépides et les plus ingénieux en sont réduits à des conjectures sur son contenu.

(1) Je rappelle pour mémoire que, d'après une importante découverte de M. l'abbé Requin, un disciple (?) de Gutenberg, Procope Waldfoghel, avait monté un atelier d'imprimerie à Avignon dès 1444.
(2) Sans compter 1200 *Matines* ou *Heures* (commun du temps).

On conçoit les embarras causés à l'étude de la liturgie par la rareté et la dispersion des monuments écrits qui en sont la base. D'autre part, il faut bien le dire, cette branche de la science ecclésiastique a eu ses moments de crise : révolutions au viii⁰ siècle, au xvi⁰, en France surtout aux xvii⁰ et au xviii⁰ ; contre-révolution au xix⁰. De pareilles situations ne sont pas favorables à l'étude calme du passé : la polémique n'a que trop souvent pour éléments la passion et l'ignorance, pour ne point nommer la mauvaise foi. Dans cet ordre d'idées nous touchons, semble-t-il, à la période d'apaisement. Des publications récentes, assez nombreuses déjà, paraissent attester que ces études sont entrées dans la voie exclusivement scientifique, pour le plus grand profit de l'Eglise, j'en ai la conviction. Le moment m'a semblé propice pour reconstituer le rôle et réunir les principaux monuments de la poésie dans la liturgie à la fin du moyen âge. Mais, avant d'exposer et de justifier cette tentative de restauration, il est nécessaire de tracer une esquisse de l'histoire de l'office divin et d'y étudier l'introduction de l'hymnologie.

I

L'ancienne loi prescrivait aux Juifs de sanctifier chaque jour par un double sacrifice, de grand matin et le soir. La nouvelle loi accepta de l'ancienne ce qui ne lui était pas contraire. C'est dans ce sens qu'il faut voir une analogie entre ce double sacrifice et l'institution des premières heures de l'office divin, les laudes matutinales et les vêpres, peu après le milieu du i⁰ʳ siècle (ann. 5o/65). Les vigiles nocturnes (παννύχια), auxquelles on donna plus tard le nom de matines, furent instituées pendant les persécutions : elles n'avaient lieu qu'à certaines solennités ; au iv⁰ siècle, on les trouve en usage en Orient parmi les ascètes, qui les observaient chaque jour, ou plutôt chaque nuit. Les heures divines, dites apostoliques (car il en est question dans les

Actes des apôtres), tierce, sexte et none, n'étaient solennisées publiquement que les jours de stations, c'est-à-dire le mercredi et le vendredi, outre certains jours de jeûne, sauf pour les fidèles à réciter diverses prières quotidiennes à ces mêmes heures en leur particulier. Lorsque la paix eut été rendue définitivement à l'Eglise, surtout quand celle-ci eut terrassé les grandes hérésies, de la fin du ivᵉ siècle à la fin du vᵉ, l'office divin prit plus d'extension, par le fait des moines et des évêques tirés des monastères.

A la suite des docteurs grecs et syriaques, les pontifes romains perfectionnèrent pour l'Occident le rit du sacrifice eucharistique et ajoutèrent l'obligation de l'office (*officium horariarum precum, opus divinum*). Entre saint Damase et saint Gélase on distribua les psaumes et cantiques à réciter chaque semaine ; on y ajouta même des antiphones, des répons et des prières, à l'instar de l'église de Jérusalem. Le désir de constater à toutes les époques l'uniformité, qui plaît tant aux vulgarisateurs, a fait admettre par nombre d'écrivains que la distribution actuelle du Psautier a eu pour auteur saint Jérôme, qui la tenait lui-même de saint Ambroise. Il suffit de faire remarquer que cette donnée a pour source une lettre du grand docteur à saint Damase, dont personne n'oserait aujourd'hui soutenir l'authenticité. N'oublions pas aussi qu'à son origine le rit ambrosien ne différait guère du romain ; celui qu'on trouve au ixᵉ ou xᵉ siècle n'est plus du tout le rit primordial de saint Ambroise, et il serait facile de prouver qu'il n'a cessé jusqu'à nos jours de recevoir des changements.

Mais quel est le pape qui a rendu obligatoires dans le clergé séculier les offices pratiqués par les moines et déjà en usage dans toute la chrétienté ? Quel est l'auteur du *cursus* ou de l'ordre des offices usité à Rome aux vᵉ et viᵉ siècles ? on l'ignore. D'après le *Liber pontificalis*, saint Célestin prescrivit le premier le chant alternatif (*psalli antephanatim*) de tout le Psautier avant la Messe : s'agit-il là de l'inauguration à Rome de l'office canonique et non point seulement d'une réglementation particulière au sacrifice eucharistique ? je n'oserais l'affirmer, malgré l'autorité d'un récent éditeur. Gélase travailla au Sacramentaire, mais de ce qu'il composa des hymnes à l'instar de saint Ambroise on n'en saurait rien conclure touchant l'office divin. En tout cas, il est impossible de songer à saint Léon le Grand.

Dès la fin du ive siècle on a constaté l'existence des offices de vigiles (matines), laudes, tierce, sexte, none et vêpres ; au commencement du ve on ajouta prime *(novella solemnitas)*. Il y eut donc dès lors sept heures de prières, conformément à cette parole du Psalmiste : *Septies in die laudem dixi tibi.* Aux ve-vie siècles les offices solennels dans l'église Romaine se réduisaient aux vigiles, laudes et vêpres. Mais il est difficile d'indiquer quel était le rit précis de cette époque. Dans toutes les prescriptions de ces temps reculés il restait beaucoup de marge à l'autorité des évêques et des métropolitains.

Une loi de l'empereur Justinien, portée en 528, enjoignit aux clercs dispersés dans l'Empire de chanter par euxmêmes les prières des nocturnes, des matines et des vêpres. Le pape faisait la même prescription aux évêques qui furent sacrés du vie au viiie siècle. D'après cette formule, qui peut remonter au ve siècle, ils prenaient l'engagement de réciter en été trois leçons, autant d'antiphones et de répons, en hiver quatre, le dimanche neuf. La proportion n'était donc pas la même que maintenant; cette variante entre l'été et l'hiver provenait de la différence de longueur des nuits : encore aujourd'hui les hymnes du temps sont plus courtes en été qu'en hiver.

Il serait fastidieux d'énumérer les différences que les premiers monuments permettent de constater dans le nombre et les numéros des psaumes pour les offices. L'usage du moyen âge s'est conservé jusqu'à nos jours dans la basilique du Latran et dans les ordres religieux des Dominicains et des Carmes. Au début le nombre des leçons n'est point encore celui qu'on trouve au viiie siècle. A chaque psaume on joignait une oraison ou collecte; puis venaient les leçons de l'Ancien et du Nouveau Testament, des actes des saints. En plusieurs lieux on lisait l'Evangile ou un texte sur la

Résurrection. Les laudes se chantaient d'une manière à peu près uniforme dans toute la chrétienté, sauf les différences nécessitées par l'introduction de l'office de prime. Les psaumes étaient suivis d'un *capitellum*, d'une hymne métrique ou même du *Te Deum*, etc. L'office des vêpres, qui porte les noms significatifs de *lucernarium*, *laudes vespertinæ*, *hora incensi*, commençait à la nuit tombante, au milieu des flambeaux allumés; il avait une solennité particulière. Au nombre des psaumes figure partout le 140e, qui renferme ce verset caractéristique : *Dirigatur oratio mea sicut incensum in conspectu tuo, elevatio manuum mearum sacrificium vespertinum.* Les Constitutions apostoliques, que les canons de saint Hippolyte nous montrent avoir été en pleine vigueur à Rome aux iiie et ive siècles, en faisaient déjà une loi. Les douze psaumes étaient suivis de deux leçons, l'une tirée de l'Evangile. Suivait une hymne : c'est certainement pour cette partie de la liturgie, *ad accensum lucernæ*, que Prudence a composé l'*Inventor rutili*, adapté plus tard au Samedi-Saint. L'office des petites heures n'était point encore strictement fixé, non plus que l'obligation de leur récitation quotidienne; leur usage était restreint, solennel à certains jours de station, privé à la dévotion de chacun.

Saint Benoît, se proposant d'instituer une règle pour des ascètes, dont l'occupation principale est de louer Dieu, établit pour eux un *cursus* en rapport direct avec leur genre de vie. Jusque là les conciles avaient admis que les moines pouvaient suivre le rit de l'église cathédrale ou métropolitaine : c'était un moyen d'arriver à l'unité. Saint Benoît, dont l'ordre s'établissait dans le périmètre de la province de Rome, prit assurément comme base le *cursus* du centre de la catholicité, mais il l'imprégna de plusieurs prescriptions empruntées aux moines orientaux, principalement aux Basiliens. La plus notable, au point de vue qui nous occupe, fut l'introduction des hymnes à toutes les heures canoniales. De grands poètes avaient chanté les louanges de Dieu dans une langue qui, pour la beauté et la force de l'expression, ne le cédait en rien à la poésie profane (1). Au témoignage de Fauste de Riez, les églises de l'Italie presque entière — sans parler du reste de la chrétienté — résonnaient de leurs pieux accents. Déjà le concile d'Agde (5o6) avait rendu les hymnes obligatoires à matines et à vêpres :

XXX. Et quia convenit ordinem Ecclesiæ ab omnibus æqualiter custodiri, studendum est ut, sicut ubique fit, et post antiphonas collectiones per ordinem ab episcopis vel presbyteris dicantur, et hymni matutini vel vespertini diebus omnibus decantentur, et in conclusione matutinarum vel vespertinarum missarum, post hymnos, capitella de psalmis dicantur, et plebs collecta oratione ad vesperam ab episcopo cum benedictione dimittatur.

Saint Césaire les mentionne dans sa Règle pour les vierges :

XX. Cum vero psalmis et hymnis oratis Deum, id versetur in corde quod profertur in voce.

La Règle du même pour les moines ne signale que le *Te Deum* :

XXI. Omni dominica ..., perfectis missis, dicite matutinos, *Te Deum laudamus, Gloria in excelsis* et capitellum...

Saint Benoît prescrivit également de l'ajouter aux vigiles ou nocturnes :

XI. Dominico die ... post quartum ... responsorium incipiat abbas hymnum *Te Deum laudamus ;* quo perdicto legat abbas lectionem de Evangelio... Et subsequatur mox abbas hymnum *Te decet laus.*

C'est lui qui donna le nom de prime (*altera matutina*) à ce démembrement de laudes déjà en usage. A lui revient aussi la forme définitive des petites heures, auxquelles il adjoignit une hymne. Enfin il n'y a pas de doute qu'il ins-

(1) Voir le tome 1er de notre *Bibliothèque liturgique.*

titua la dernière heure de l'office canonique, qui le complète et de ce nom prit celui de complies (1).

IX. QUANTI PSALMI DICENDI SINT NOCTURNIS HORIS. — ... Inde sequatur Ambrosianum....

XI. In matutinis, dominico die, in primis dicatur... responsorium et Ambrosianum, versus, canticum de Evangelio, letania.

XIII. Diebus autem privatis matutinorum solemnitas ita agatur.... Post hæc sequantur laudes, deinde lectio una Apostoli. ., responsorium, Ambrosianum, versus ....

XVII. Prima hora... Hymnus ejusdem horæ, post versum *Deus in adjutorium*..., antequam psalmi incipiantur.... Tertia vero, sexta et nona eodem ordine celebretur oratio, id est versus, hymni earumdem horarum... Vespertina autem synaxis ... responsorium, Ambrosianum, versus... Completorium autem trium psalmorum dictione terminetur..., post quos hymnus ejusdem horæ....

XVIII. In primis semper diurnis horis dicatur versus *Deus in adjutorium*... et *Gloria ;* inde hymnus uniuscujusque horæ.... Hymnorum nihilominus, lectionum vel versuum dispositione uniformi cunctis diebus servata.

Ces textes sont malheureusement muets sur l'*incipit* des hymnes. On remarquera toutefois l'opposition que le saint patriarche établit entre *Ambrosianum* et *hymnus :* le premier mot doit désigner les pièces dues à saint Ambroise (ou réputées telles) et déjà en usage pour matines, laudes et vêpres ; le second, des compositions adaptées aux heures qui en étaient dépourvues.

Un contemporain de saint Benoît († 542), Aurélien, évêque d'Arles († 551), est plus explicite dans sa règle monastique :

In primo die Paschæ, ad tertiam.... lectiones..., hymnus *Jam surgit hora tertia* et capitellum.... Ad sextam... antiphona una, hymnus *Jam sexta sensim volvitur*, lectio Evangelii et capi-

______

(1) On croit l'entrevoir dans saint Basile ; les textes invoqués de saint Ambroise ne permettent pas de croire à son existence alors. Cassiodore et Aurélien d'Arles, qui en parlent explicitement, sont postérieurs à saint Benoît.

tellum. Ad nonam ipse ordo teneatur, hymnus *Ter hora trina volvitur*. Ad lucernarium... antiphona tria, hymnus *Hic est dies verus Dei* et capitellum ; quem hymnum toto Pascha ad matutinos et ad lucernarium dicite. Ad duodecimam.... Ad matutinos.... hymnum *Gloria in excelsis Deo* et capitellum ; et complete matutinos ipso ordine toto Pascha.... Quotidianis vero diebus ad nocturnos... lectiones... et capitellum... A kalendis vero octobris... hymnus ad primos nocturnos *Rex æterne Domine*, ad secundos *Magna et mirabilia*.... Impletis tribus missis dicite matutinarios canonicos...; in antiphona dicite hymnum *Splendor paternæ gloriæ*, alia die *Æterne lucis conditor* et capitellum.... Post matutinos ad primam duodecim psalmi dicantur, hymnus *Fulgentis auctor ætheris*... Quotidianis igitur diebus ad tertiam duodecim psalmos dicite, antiphonam, hymnum *Jam surgit hora tertia*.... Ad sextam... hymnus *Jam sexta sensim volvitur*... Ad nonam ... hymnus *Ter hora trina volvitur*. Ad lucernarium... hymnus una die *Deus qui certis legibus*, alia die. *Deus creator omnium* et capitellum.

L'usage de ces pièces ne s'est maintenu qu'accidentellement et je les crois étrangères à l'hymnaire bénédictin. Cette innovation ne s'implanta pas d'ailleurs sans susciter des protestations.

En 563, le petit concile de Braga interdit par un de ses canons toute composition poétique dans les offices de l'Église :

xii. Item placuit ut extra Psalmos vel canonicarum Scripturarum Novi et Veteris Testamenti, nihil poetice compositum in ecclesia psallatur : sicut et sancti præcipiunt canones.

Cette protestation semble cependant isolée. En conformité avec la règle de saint Benoît, le concile tenu à Tours en 567 favorise l'usage, à côté des hymnes Ambrosiennes, de celles qui paraîtront dignes d'être chantées, pourvu qu'elles portent le nom de leurs auteurs : que ne nous les a-t-il conservées !

xxiii. Licet hymnos Ambrosianos habeamus in canone ; tamen, quoniam reliquorum sunt aliqui qui digni sunt forma cantari, volumus libenter amplecti eos præterea, quorum auctorum nomina fuerint in limine prænotata ; quoniam quæ fide constiterint, dicendi ratione non obstant.

Une réaction plus énergique surgit, en 633, au IVe concile de Tolède ; son 13e canon est célèbre dans la matière :

XIII. De hymnis etiam canendis et Salvatoris et Apostolorum habemus exemplum ; nam et ipse Dominus hymnum dixisse perhibetur, Matthæo evangelista testante : « Et hymno dicto, exierunt in montem Oliveti »; et Paulus apostolus ad Ephesios scripsit, dicens : « Implemini spiritu, loquentes vos in psalmis et hymnis et canticis spiritualibus ». Et quia nonnulli hymni humano studio in laudem Dei atque apostolorum et martyrum triumphos compositi esse noscuntur, sicut hi quos beatissimi doctores Hilarius atque Ambrosius ediderunt, quos tamen quidam specialiter reprobant, pro eo quod de scripturis sanctorum canonum vel apostolica traditione non existunt. Respuant ergo illum hymnum, ab hominibus compositum, quem quotidie publico privatoque officio in fine omnium psalmorum dicimus : *Gloria et honor Patri et Filio et Spiritui sancto in secula seculorum, amen.* Nam et ille hymnus, quem nato in carne Christo angeli cecinerunt : *Gloria in excelsis Deo, et in terra pax hominibus bonæ voluntatis;* reliqua, quæ ibi sequuntur, ecclesiastici doctores composuerunt. Ergo nec idem in ecclesiis canendus est, quia in scripturarum sanctarum libris non invenitur. — Sicut ergo orationes, ita et hymnos in laudem Dei compositos nullus vestrum ulterius improbet, sed pari modo in Gallicia Hispaniaque celebret; excommunicatione plectendi, qui hymnos rejicere fuerint ausi.

On ne saurait douter que l'institution de saint Benoît n'ait été l'origine de la réforme du *cursus* romain. Malgré le silence de ses biographes, les contemporains de saint Grégoire le Grand ont été unanimes à le représenter comme le suprême réformateur des offices de l'église Romaine. Les controverses sur son admission dans l'ordre bénédictin viennent de prendre fin : il en avait professé la règle et suivi l'office. A l'exemple de son prédécesseur Pélage II, qui avait appelé dans l'église du Latran les moines du Mont-Cassin expulsés par les Lombards, lui-même établit des religieux dans plusieurs autres églises de la ville éternelle. Suivant ses traces, plusieurs des pontifes qui lui succédèrent sur la chaire de saint Pierre jusqu'au commencement du ixe siècle firent construire des monastères près des principales basiliques de Rome, le Vatican, Saint-Paul, Sainte-Marie-Majeure, etc., pour y rendre l'office divin plus solennel. Mais n'anticipons pas.

Le plus ancien monument original qui nous ait conservé une collection d'hymnes est l'Antiphonaire de Bangor (aujourd'hui à l'Ambrosienne de Milan), qui remonte sûrement à la deuxième moitié du viie siècle. Celles qu'il renferme, autochtones à l'Irlande, n'ont pénétré dans aucune autre liturgie.

Les changements considérables, qui s'opérèrent en France sous les Carolingiens, demanderaient à être étudiés à l'aide d'une critique pénétrante, qui évitât les généralisations et fît le départ exact — autant que la rareté des documents peut le permettre — de ce qui concerne le clergé séculier et les ordres religieux, le texte de l'office et le chant. A l'heure présente, dom Pothier ne cherche-t-il pas à ramener le chant grégorien à sa pureté primitive, sans toucher aux paroles ?

Saint Chrodegang, évêque de Metz, rédigea (après 754) la première règle des chanoines réguliers. Elevé à Saint-Trond, déjà fondateur d'abbayes bénédictines, il fit de larges emprunts au rit de saint Benoît. On dit qu'il imposa le chant et l'*ordo* romains : le texte de sa règle, dans les deux rédactions qui nous l'ont conservée, est muet à cet égard. C'est dans la biographie des évêques de Metz, par Paul diacre, qu'il faut en chercher le témoignage :

Clerum abundanter lege divina romanaque imbutum cantilena, morem atque ordinem Romanæ ecclesiæ servare præcepit, quod usque ad id tempus in Mettensi ecclesia factum minime fuit.

Peu après (760), l'archevêque de Rouen, saint Remy, ramena de Rome le secondicier de la *schola cantorum* pour

initier ses clercs aux modulations de la psalmodie romaine.
On a cru voir là des faits isolés : je serais porté à y découvrir le résultat d'une mesure générale. Nous savons, par un capitulaire de Charlemagne (mars 789), que son père le roi Pépin avait supprimé chez les Francs la liturgie gallicane :

LXXVIII. Monachi ut cantum romanum pleniter et ordinabiliter per nocturnale vel gradale officium peragant, secundum quod beatæ memoriæ genitor noster Pippinus rex decertavit ut fieret, quando Gallicanum cantum tulit, ob unanimitatem apostolicæ sedis et sanctæ Dei Ecclesiæ pacificam concordiam (1).

Quelle date fixer à ce décret perdu? Peut-être l'année 754, durant le voyage du pape Etienne II en France, pour sacrer Pépin, sa femme Bertrade, et ses fils Charles et Carloman. La correspondance des Papes renseigne médiocrement sur leur action directe dans cette réforme ; tout se borne à des envois de livres liturgiques : d'un *Antiphonale et Responsale* par Paul Ier à Pépin (758/763), d'un *Sacramentarium Gregorianum* par Adrien Ier à Charlemagne (784/791) (2). Il est difficile d'apprécier l'étendue de ces changements. En tout cas le rit romain implanté chez les Francs ne devait pas être sensiblement différent du rit bénédictin, puisque dès le début de l'empire de Louis-le-

(1) Voir encore l'*Epistola generalis* publiée en 786/800 : « Accensi præterea venerandæ memoriæ Pippini genitoris nostri exemplis, qui totas Galliarum ecclesias Romanæ traditionis suo studio cantibus decoravit ».

(2) Voici les indications que fournissent les Régestes des ixe et xe siècles. Léon IV ordonne à un abbé, sous peine d'excommunication, de se conformer au chant Grégorien (850/4) ; ce texte, capital comme témoignage en faveur de l'œuvre liturgique de saint Grégoire le Grand, a été publié par d. Germ. Morin, dans la *Revue Bénédictine* de 1890, mais le *Neues Archiv* n'en avait donné qu'un extrait. Nicolas Ier défend aux prêtres de réciter l'hymne angélique *Gloria in excelsis Deo*, excepté à Pâques (mai 864). Jean VIII promet à l'impératrice Ingelberge de prier à l'anniversaire de la mort de son mari l'empereur Louis (878 et 879). Etienne V envoie à l'empereur Charles-le-Gros « ramos palmarum, triumphi typum ferentes » (886 et 887). Léon IV détermine les jours ou les évêques doivent dire le *Gloria in excelsis, Pax vobiscum* ou *Dominus vobiscum* (937/9).

Pieux un concile d'Aix-la-Chapelle (817) décrète que les moines auront à se conformer pour l'office à la règle de saint Benoît :

III. Ut officium juxta quod in regula sancti Benedicti continetur celebrent monachi (1).

A n'en pas douter, cet office renfermait des hymnes; lesquelles à cette époque? Deux manuscrits étrangers vont nous aider pour répondre à cette question. Mone, qui les a signalés le premier, les attribue au VIIIe siècle; comme il a l'habitude de vieillir un peu les anciens *codices*, nous les ramènerons au IXe siècle, précisément celui qui nous occupe. Le ms. 2106 de Darmstadt indique pour l'office quotidien :

Ad primam *Jam lucis orto sidere;* ad tertiam *Nunc sancte nobis Spiritus;* ad sextam *Rector potens verax Deus;* ad nonam *Rerum Deus tenax vigor;* ad vesperam *Lucis creator optime;* item ad vesperam *O lux beata Trinitas;* ad completorium *Christe qui lux es et dies,* item ad completorium *Te lucis ante terminum* (2).

Le ms. 1418 de la ville de Trèves partage les hymnes de la semaine en quatre séries :

I. Hymni dominicis diebus : ad nocturnos *Primo dierum omnium;* ad matutinos *Æterne rerum conditor;* ad primam, tertiam, sextam, nonam, ut supra; ad vesperam *Lucis creator optime;* rien pour complies.
II. Hymni ad nocturnos (matines) : feria 2 *Somno refectis artubus;* feria 3 *Consors paterni luminis;* feria 4 *Rerum creator*

(1) On a imprimé récemment que ce concile enjoignit aux moines de se conformer, pendant les trois derniers jours de la Semaine-Sainte, « à l'ordo romain ou plutôt au bréviaire des clercs séculiers » : je doute que de meilleurs yeux que les miens arrivent à trouver dans ces canons ce que je n'ai su y voir.
(2) Saint Ethelwold, évêque de Winchester en 963, assigne précisément les mêmes hymnes (sauf l'omission de *Lucis creator optime*) dans sa règle pour les Bénédictins anglo-saxons.

optime ; feria 5 *Nox atra rerum contegit ;* feria 6 *Tu Trinitatis unitas ;* sabbato *Summæ Deus clementiæ.*

III. Hymni ad matutinas (laudes) : feria 2 *Splendor paternæ gloriæ ;* feria 3 *Ales diei nuntius ;* feria 4 *Nox et tenebræ et nubila ;* feria 5 *Lux ecce surgit aurea ;* feria 6 *Æterna cœli gloria ;* sabbato *Aurora jam spargit polum.*

IV. Hymni ad vesperas : feria 2 *Immense cœli conditor ;* feria 3 *Telluris ingens conditor ;* feria 4 *Cœli Deus sanctissime ;* feria 5 *Magnæ Deus potentiæ ;* feria 6 *Plasmator hominis Deus ;* sabbato *Deus creator omnium.*

On peut dire que l'hymnaire du commun du temps était fixé et irrévocablement. Cet hymnaire du ixe siècle se maintiendra sans changement aucun jusqu'à la fin du moyen âge ; ce sera encore celui du Bréviaire réformé par Pie V. Mais le Bréviaire romain du temps de Charlemagne admettait-il des hymnes ? Amalaire, le *Micrologus,* les *Ordines romani* du chanoine Benoît et de Cencius n'en mentionnent aucune. L'Antiphonaire de Saint-Pierre de Rome au xiie siècle ne comprend encore que les hymnes indiquées ci-dessus pour tierce et complies ; et encore fait-il cette réserve pour le *Nunc sancte :*

In choro hunc hymnum non dicimus, sed in aliis oratoriis decantamus.

Ce silence est-il aussi significatif qu'on le prétend ? Arevalo faisait déjà des objections contre cette théorie basée sur un argument négatif. On aurait tort de voir dans les *Ordines romani* publiés par Mabillon des règles usitées dans toutes les églises de rit latin : c'étaient des usages spéciaux à quelques basiliques, comme le Vatican ou le Latran, dans lesquelles les Papes avaient coutume de remplir les fonctions pontificales. Arevalo cite en outre des passages d'un *Ordo romanus,* qu'il qualifie d' « antiquissimus », où se trouvent des hymnes pour Rameaux, le Jeudi et le Samedi saints, et pour Pâques. Faut-il montrer par un exemple qu'il n'y a pas à se fier à un recueil, même authentique, pour se prononcer sur l'absence de toute poésie dans

une liturgie ? Le Missel de Lyon de 1487 ne renferme aucune des proses alors en usage. Est-ce à dire que l'antique
métropole des Gaules y fut réfractaire ? Assurément non,
car les manuscrits antérieurs et les éditions subséquentes
en contiennent un bon nombre. La question qui nous occupe restera douteuse, il faut s'y résigner, jusqu'à ce qu'un
heureux chercheur ait découvert un livre d'office du viii[e]
siècle, non spécial à une église, mais commun à la province de Rome.

On est d'ailleurs fort embarrassé pour dire à quelle époque précise l'hymnologie a fait son entrée dans le bréviaire
romain. Ce ne pourrait être qu'au temps où il se laissa
imprégner à son tour par les additions et changements
apportés au nouveau rit de l'église Franque par Alcuin,
Amalaire et Hélisachar. Une lettre récemment publiée de
ce dernier, abbé de Saint-Riquier et de Saint-Maximin
de Trèves, témoigne de modifications sensibles opérées
dans l'Antiphonaire et le Responsorial, et qui s'introdui-
sirent à Rome au xe siècle, peut-être dès le ixe sous Charles-
le-Chauve.

Personne ne s'étonnera que nous soyons mieux rensei-
gné sur les liturgies monastiques — et en particulier de
l'ordre de saint Benoît — que sur celles du clergé. Il y
avait dans les abbayes un esprit de suite et de conserva-
tion presque impossible ailleurs. Aux moines les vieux
livres étaient d'autant plus précieux qu'ils constituaient la
preuve d'une tradition toujours vivante.

Pour se renseigner d'une manière parfaite sur la composition de l'hymnaire bénédictin aux alentours de l'an 1000,
il suffit de parcourir les tables détaillées que j'ai dressées
naguère de deux hymnaires italiens, provenant d'un même
monastère peu connu (Saint-Séverin de Naples) et conservés de nos jours, l'un au Vatican, l'autre à Paris (1). Le premier (incomplet) renferme 256 pièces, le second 290. En
les combinant on trouve pour le commun du temps 31 hymnes, pour le propre 77, pour le commun des saints 28,

____

(1) *Bibliothèque liturgique*, t. I, p. 129-38.

pour le propre 164 : en tout 300. Ce sont d'excellents témoins hagiographiques.

Saint Grégoire VII, qu'on présente comme un réformateur de la liturgie, n'innova rien : il se borna à confirmer l'antique — « antiquo more » — *ordo romanus*, contre des clercs qui voulaient raccourcir l'office quotidien, à l'instar de celui de Pâques et de la Pentecôte.

Hildebrand avait été moine à Cluny : c'était alors le centre monastique du monde chrétien. C'est là qu'il faut étudier l'hymnaire du xie siècle. Les us de la célèbre abbaye ont été consignés vers 1086 par le moine Udalric ; il va nous renseigner sur les hymnes du propre du temps et des saints, et sur quelques détails caractéristiques :

De Cœna Domini. — ... Præter solitas antiphonas quæ sunt de mandato, habetur hymnus Flavii, primi Cabilonensis episcopi, *Tellus ac æth(e)ra jubilent in magni cœna principis*, qui in hoc die et ad hoc mandatum post primam antiphonam cantatur, et ita ut per singulos versus primus ejus versus repetatur.

De Parasceve. — ... Hymnus *Crux fidelis*, qui reciprocando cantatur.

De Sabbato sancto. — ... Hymnus *Ad cœnam [agni providi]*.

De... die Resurrectionis Domini. — ... Ad *Agnus Dei* tropi quidam adjiciuntur... Hymnis omnium horarum additur unus versus, id est *Quæsumus auctor omnium*, et novissimus ita mutatur : *Gloria tibi Domine qui surrexisti*, etc. ; quod etiam tenetur usque ad Ascensionem Domini.

De Ascensione Domini. — ... Ad hymnos omnium horarum sicut in Pascha apponitur versus ille : *Da nobis illuc sedula devotione tendere*, et : *Gloria tibi Domine qui scandis ;* et hucusque ad Pentecosten.

De.. die Pentecostes. — ... Quamvis autem Galli non magnopere curent de prosis Teutonicorum, tamen beato patre Odilone adnitente et de nostratibus asserente, hæc sola *Sancti Spiritus adsit nobis gratia* obtinuit ut in nostro loco in isto die cantaretur (1).... Horarum hymni iterum non carent uno versu superaddito, scilicet hic *Christe nunc piissime* et *Sit laus Patri*.

(1) Sur les proses ou séquences, voir le t. I de la *Bibliothèque liturgique*, pp. 33-8 et 94-7.

De octavo die Pentecostes. — ... Ad... priores vesperas... hymnus *O lux beata Trinitas*...; ad nocturnos *Tu Trinitatis unitas*; ad laudes *Splendor paternæ gloriæ*.

De natali apostolorum Petri et Pauli. — ... Horarum hymni augentur eo versu *Vos sæcli justi*, etc.

De consuetudinibus incipientibus a kalendis octobris usque ad kalendas novembris. — ... Ad nocturnos hymnus *Primo dierum*, ad laudes *Æterne rerum conditor*.

De festivitate Omnium Sanctorum... — ... Hymnus etiam est *Christe redemptor*.

De festivitate sancti Martini... — ... Hoc processit a primo loci nostri abbate proprio, scilicet dom. Odone, qui... antiphonas... super nocturnos ipse fecit ; ipse hymnum.... Omnibus horarum hymnis hic versus apponitur : *Martine par apostolis*.

De... die Natali Domini. — ... Post *Alleluia* sequentia jubilatur.... Hymnis horarum adjungitur *Memento salutis* et *Gloria tibi Domine*.

LI. De dominicis diebus Quadragesimæ. — ... Nullus hymnus de jejunio cantatur, sed iidem qui extra Quadragesimam in dominicis diebus.

LII. In secunda feria Quadragesimæ inchoantur hymni de jejunio ad matutinas laudes et tertiam et sequentes horas. Soli nocturni nescio quid hic commiserint, qui, cum in Adventu Domini et toties in solemnitatibus specialem hymnum habeant, in Quadragesima amiserunt, in qua etiam tam parva hora, sicut est tertia, non caret hymno alio quam consueto, id est *Ternis ter horis numerus*. Et si hoc apud nos est, tamen [non] est ita apud monachos et Italiæ et ipsius sedis apostolicæ et ecclesiæ Romanæ ; apud quos nimirum quod ea vice habent aliæ horæ, habent etiam nocturni.

C'est clair : au xie siècle, dans les églises de Rome les nocturnes de Carême avaient des hymnes propres ; donc tout le Bréviaire en avait.

Au xiie siècle la victoire de l'hymnaire est complète. Ecoutons Abailard écrivant à saint Bernard de Clairvaux :

Pace vestra, hymnos solitos respuistis, et quosdam apud nos inauditos, et ferè omnibus ecclesiis incognitos ac minus sufficientes, introduxistis. Unde et per totum annum in vigiliis tam feriarum quam festivitatum uno hymno, et eodem contenti estis, cum Ecclesia pro diversitate feriarum vel festivitatum diversis utatur hymnis, sicut et psalmis vel cæteris, quæ his pertinere noscuntur : quod et manifesta ratio exigit. Unde et qui vos die Natalis seu Paschæ vel Pentecostes, et cæteris solemnitatibus hymnum semper eumdem decantare audiunt, scilicet *Æterne rerum couditor*, summo stupore attoniti suspenduntur : nec tam admiratione quam derisione moventur.

Cette lettre est instructive à plus d'un chef ; elle montre et l'universalité de l'usage et sa diversité : l'office des Cisterciens s'était établi sans approbation de la S. Congrégation des Rites. Cette variété ressort encore de ces paroles qu'Abailard met dans la bouche d'Héloïse lui demandant un Hymnaire complet de sa façon pour l'abbaye du Paraclet :

Scimus Latinam et maxime Gallicanam ecclesiam, sicut in psalmis, ita et in hymnis magis consuetudinem tenere quam auctoritatem sequi.

On a cru voir un témoignage contre la généralité de leur emploi dans ces paroles de Jean Beleth, célèbre liturgiste de l'église de Paris, dont il retraçait les rites avant 1165 :

... Deinde sequitur hymnus, si sit monachalis ecclesia.

Il s'agit de la fête de l'Epiphanie ; tout prêtre sait que ce jour-là il n'y a pas d'hymne à matines : différence purement accidentelle par conséquent.

Le *Rationale divinorum officiorum* de Beleth va nous intéresser à d'autres points de vue.

XXIII. Beatus Benedictus multo aliter noctis officium instituit, non quod a superiori Ecclesiæ institutione dissentiat.... Nec sane in quoquam ei est contradictum, sed quidquid fecisset, fuit approbatum et corroboratum a B. Gregorio.... *Te decet laus....*

XXXVIII.... Sequitur deinceps sequentia, quam nos prosam appellamus. Fertur Notgerus abbas apud Sanctum Gallum, natione Teutonus, primo sequentias composuisse atque eas postea in ecclesia cantari institutum fuisse per Nicolaum summum pontificem. Post hunc autem dicitur Hermannus

Contractus, inventor astrolabii, fecisse duas has : *Rex omni-
potens die hodierna* et *Sancti Spiritus adsit nobis gratia*, etc.

LXVIII. De vigilia Natalis Domini. — ... In completorio cani
debet hymnus *Veni redemptor gentium.*

LXXIX.... *Te Deum laudamus*, hymnus intronizandorum pro-
prius....

CXXXV.... Paulus, historiographus diaconus Romanæ curiæ,
monachus Cassiniensis, cum die quodam paschalem cereum con-
secraret, fauces ejus raucæ factæ sunt, cum prius esset satis
vocalis. Ut ergo vox ei restitueretur, in honorem S. Joannis
hymnum hunc composuit : *Ut queant laxis*, etc.

Beleth se lamente à plusieurs reprises contre la paresse
des bénéficiers de son époque : — il y aurait un bien
curieux livre à faire sur les « plaintes » de l'Eglise, depuis
son origine, contre la décadence générale. — De tout temps
certains clercs ont trouvé l'office trop long : le moment
approche où on va leur donner en partie satisfaction. Avant
l'imprimerie il était bien difficile, avouons-le, d'être en
règle avec la rubrique dans toutes les églises. D'après le
même Beleth les livres liturgiques étaient au nombre de
huit : trois pour le chant, *Graduarium, Antiphonarium,
Trophonarium* (tropi, sequentiæ, Kyrie eleison et neumæ);
cinq pour les leçons, *Bibliotheca* (utrumque Testamentum),
Passionarius, Legendarius, Homeliarius, Sermologus. Les
abbayes et les collégiales pouvaient se donner ce luxe de
livres, mais n'était-ce point au-dessus des ressources d'un
modeste prieuré ou d'une pauvre église de campagne ?

Le mot *Breviarium* remonte à Alcuin, mais il n'avait pas
dès lors la signification qu'on lui donna depuis, d'office
abrégé. Où celui-ci prit-il origine ? à la cour des Papes,
paraît-il. Ce sont les clercs de la chapelle pontificale qui,
les premiers, soit de leur chef, soit par ordre, abrégèrent
l'office romain. Le fait ne remonterait pas au delà du pontificat d'Innocent III (1), d'après Raoul de Tongres, dont le

(1) Le 25 mai 1205, ce pape écrit aux archevêques de France pour
leur communiquer le besoin de religieux qu'éprouve le nouvel empereur de Constantinople, Baudouin ; en outre « postulavit ut Missa-

traité *De canonum observantia* est presque la seule lumière pour éclairer cette période obscure, — faute, non pas de documents, mais de recherches opiniâtres dans le vieux fonds liturgique des bibliothèques.

Olim, quando Romani pontifices apud Lateranum residebant, in eorum capella servabatur Romanum officium, non ita complete sicut in aliis Urbis ecclesiis collegiatis. Imo clerici capellares, sive de mandato Papæ, sive ex se, officium Romanum semper breviabant et sæpe alterabant, prout dom. Papæ et cardinalibus congruebat observandum. Et hujus officii ordinarium vidi Romæ a tempore Innocentii III recollectum. Et istud officium breviatum secuti sunt Fratres Minores. Inde est quod Breviaria eorum et libros officii intitulant secundum consuetudinem Romanæ curiæ, non autem curaverunt mores aliarum ecclesiarum urbis Romæ recipere et observare.... Aliæ autem nationes orbis Romani libros et officia sua habent e directo ab ipsis ecclesiis Romanis et non a capella Papæ.

Cet office abrégé, ce Bréviaire fut adopté par l'ordre des Frères-Mineurs ou Franciscains, auxquels la troisième règle de 1223 l'imposa :

III. Clerici faciant divinum officium secundum ordinem Romanæ ecclesiæ, excepto psalterio, ex quo habere poterunt Breviaria.

Aussi leurs livres portent-ils le titre de *Breviarium* ou *Missale ad usum Fratrum Minorum secundum consuetudinem Romanæ curiæ*. L'ensemble reçut des modifications

lia, Breviaria cæterosque libros, in quibus officium ecclesiasticum secundum instituta sànctæ Romanæ ecclesiæ continetur, saltem pro exemplaribus ad partes illas faceremus transmitti ». Il leur demande d'envoyer ces livres liturgiques, « quibus non solum abundare, sed superabundare vos novimus..., ut et vestra abundantia illorum inopiam suppleat, et Orientalis ecclesia in divinis laudibus ab Occidentali non dissonet ». Comme de tout temps la France a été la propagatrice du catholicisme en Orient ! — Le 4 juillet 1217, Honorius III ordonne aux mêmes prélats de pourvoir à ce que les messes d'anniversaire n'empiètent pas sur celles du jour ou de la fête, « cum ecclesia Gallicana tamquam lucerna super candelabrum posita luceat aliis ».

sous le généralat de frère Aimon de Feversham. Cette révision fut approuvée par le pape Grégoire IX, le 7 juin 1241. Une circulaire du successeur d'Aimon, Jean de Parme, la déclara obligatoire dans tout l'ordre, en 1249 :

Quia, sicut indubitanter cognovi, nonnulli fratres officium divinum, quod de regula nostra secundum ordinem sanctæ Romanæ ecclesiæ celebrare debemus, in littera mutare interdum, sed in cantu maxime variare præsumunt,... duxi præsentibus injungendum quod præter id solum quod ordinarium Missalis et Breviarium a fratre Haymone, sanctæ recordationis prædecessore nostro, pio correctum studio, per sedem apostolicam confirmatum et approbatum postea nihilominus per generale capitulum noscitur continere, ut nihil omnino in cantu vel littera..., in hymnis seu responsoriis, vel antiphonis aut lectionibus, vel aliis quibuslibet beatæ Virginis antiphonis : *Regina cœli*, *Alma redemptoris*, *Ave regina* et *Salve regina*, quæ post completorium diversis cantantur temporibus, in choro cantari vel legi, nisi forte alicubi compellant librorum nostrorum defectus, modo aliquo permittatis.

Ce Bréviaire serait devenu à son tour celui de la curie et des églises de Rome (vers 1279); pour arriver à l'unité parfaite en ce point, le Pape aurait fait supprimer tous les anciens livres d'office. Nous n'avons à cet égard que le témoignage de Raoul de Tongres :

Nicolaus papa III.... fecit in ecclesiis Urbis amoveri Antiphonarios, Gradualia et alios libros officii antiquos quinquaginta, et mandavit ut de cætero ecclesiæ Urbis uterentur libris et Breviariis Fratrum Minorum, quorum regulam etiam confirmavit; unde hodie in Roma omnes libri sunt novi et Franciscani (1).

(1) On vient d'attribuer à Eugène III une décision analogue qui aurait été portée, en 1337, pour le diocèse d'Avignon. Dans l'endroit visé il ne s'agit ni d'Eugène III (!) ni d'un pape quelconque : le décret émane de l'évêque d'Avignon Jean III de Cojordan. Il n'est pas non plus vrai de dire que les anciens Catalogues de la bibliothèque des Papes ne mentionnent au xive siècle que des bréviaires « de camera »; s'il en est « secundum usum Romane ecclesie », on en trouve « alterius consuete quam Romane ».

Le *Liber pontificalis* est muet sur ce fait, qui n'avait pas d'ailleurs assez d'importance pour y être consigné. Pagi et Benoît XIV ont révoqué en doute l'existence de ce décret (si décret il y a eu); en tout cas on ne le rencontre point dans les *Regesta pontificum Romanorum* de M. Potthast. On sait que Nicolas III fit une ample « déclaration » de la règle franciscaine (14 août 1279), qui a été insérée dans le *Corpus juris canonici*: il n'y est pas question de l'office.

Nous ne nous arrêterons pas, bien que l'ordre des temps y convie, au *Rationale divinorum officiorum* de Guillaume Durand, composé peu après 1284. Le but de cet ouvrage — le plus célèbre, mais non le meilleur de l'évêque de Mende — est plutôt d'expliquer le symbolisme du culte que de servir de directoire. Le chapitre sur les hymnes (V, 2) n'est guère instructif; celui sur les proses (IV, 22) l'est un peu plus.

Le rit particulier aux Frères-Prêcheurs ou Dominicains fut fixé par le bienheureux Humbert de Romans, 5e maître général de l'ordre. En 1285 (1er octobre), le pape Honorius IV autorisa le supérieur en charge d'y faire des additions et des suppressions, de l'avis de trois chapitres généraux consécutifs, et sous la condition de le conserver immuable.

Le traité déjà signalé de Raoul de Rivo, prévôt de Tongres (mort à Rome en 1403), sera notre dernier témoin du moyen âge; sa XIIIe proposition est incomparablement explicite à l'égard des hymnes en usage à son époque. Malgré sa longueur, il me paraît indispensable de reproduire ce texte. Raoul ne se borne pas à relater la coutume de Rome: il connaît les autres rites, l'Ambrosien, celui des religieux, les particularités spéciales à divers pays. Mais c'est à Rome qu'ont porté surtout ses recherches et le fond de son travail provient des Hymnaires *antiques* qu'il y a rencontrés.

De hymnis metricis valde curandum est, ne cantentur aliqui nisi approbati et editi; reprobi autem ut plurimum nosci possunt, vel quia non sunt generales vel quia metrum habent corruptum. Ad primam autem, tertiam, sextam et nonam hymni consueti more Romano non mutantur.... Aliquorum autem congregatio paucis temporibus illos horarum hymnos cantat .., ultimo versu variato. Et aliquorum usus ad primam, tertiam, sextam et nonam, tempore Natalis Domini, habet hymnum *Agnoscat*, qui in Hymnariis Romanis reperitur. Sed qui quotidie in festivitatibus hymnos consuetos omittunt et ad easdem horas dividunt hymnum festivitatis, nec auctoritatem habent nec exemplum, sed nimium abutuntur.... Qui in completorio hymnum post capitulum dicunt, agunt contra auctoritatem Romanam et ordinem beati Benedicti, in quorum officiis statim post psalmos locatur, sicut in aliis quatuor parvis horis hymnus dicitur ante psalmos. Præterea in Ambrosiano officio ad matutinas semper dicuntur duo hymni, in principio et in fine. Et similiter in Romano et Benedictino officio, ad nocturnos dicitur unus hymnus et ad laudes alter : et hoc servant omnes religiosi et Italici, Gallici et Anglici : Alemanni autem in hoc degenerant, ad nocturnos nullum dicunt et ad laudes raro.... Hymni autem subsequentes videntur observandi. In Adventu, ad vesperas *Conditor*, ad nocturnos *Verbum*, ad laudes *Vox clara*; ad completorium secundum aliquos *Veni redemptor*, qui est Ambrosianus de Nativitate Domini. Item de Nativitate, ad vesperas *A solis*, ad completorium *Fit porta*, ad nocturnos *Corde natus*, ad laudes *Christe redemptor*, ad parvas horas *Agnoscat* ut supra. In Epiphania, ad vesperas ac laudes *Hostis Herodes*, ad nocturnos *A Patre unigenitus* vel Ambrosianus *Illuminans altissimus*. Dominicis quotidianis in sabbato *Deus creator*, qui est Ambrosianus vespertinus quotidianus, cujus meminit Augustinus libro 7 *Confessionum*, quando per somnum a luctu anxio in dolores mortis matris recepto fuit curatus; et hunc hymnum Fratres Minores et alios plures male omittunt, quia authenticus est et multum pulcher. Ad nocturnos in hyeme *Primo dierum* et ad laudes *Æterne rerum conditor*, qui in Ambrosiano omni die dicitur in principio ad matutinas; item ad nocturnos in æstate *Nocte surgentes* et ad laudes *Ecce jam noctis.* In secundis vesperis dominica *Lucis creator.* Feria secunda, in nocturno *Somno*, in laudibus *Splendor paternæ*, qui est Ambrosianus temporalis in fine matutinorum ; in vesperis *Immense.* Feria tertia, in nocturno *Consors*, in laudibus *Ales diei*, in vesperis *Telluris.* Feria quarta, in nocturno *Rerum creator*, in laudibus *Nox et tenebræ*, in vesperis *Cœli Deus.* Feria quinta, in nocturno *Nox autem*[=*atra*], in laudibus *Lux ecce*, in vesperis *Magn*[a]*e Deus.* Feria sexta, in nocturno *Tu Trinita*[ti]*s*, in laudibus *Æterna cœli*, in vesperis *Plasmator.* Sabbato, in nocturno *Summe Deus*, in laudibus *Aurora jam spargit....* De nostris autem Alemannis aliqui omittunt nocturnales, ut Colonienses ; aliqui, omissis laudum hymnis, nocturnales ponunt ad laudes, ut Leodienses ; alii omnes feriales omittunt et dominicales æstivales in feriis repetunt, ut Prædicatores : securius est sequi morem Romanum. De Quadragesima sunt hymni, [ad vesperas] *Audi benigne*, ad nocturnos *Ex more*, in laudibus *O Naʒarene.* Secunda quindena, ad vesperas *Nunc tempus*, in nocturno *Clarum decus*, in laudibus *Jam Christe* ; ad completorium per mensem *Christe qui lux*, qui est Ambrosianus. Aliorum usu sunt alii hymni quadragesimales, cum in his raro usus se concordent. De Passione, ad vesperas *Vexilla*, ad completorium *Cultor Dei*, ad nocturnos et laudes *Pange lingua*, quia fit divisio. De Resurrectione sunt hymni, [ad vesperas] *Ad cænam Agni*, ad completorium *Jesu nostra* et *Aurora lucis*, cum versibus qui dividi possunt ad nocturnos et ad laudes, ut faciunt Prædicatores. Romani habent in nocturno et in laudibus dicunt hymnum *Aurora* integre. Est et Ambrosianus : *Hic est dies verus.* De Ascensione, *Festum nunc celebre*, *Æterna cœli gloria* et *Hymnum canamus* ; et Ambrosianus *Optatus votis.* De Sancto Spiritu, [ad vesperas] *Veni creator*, in nocturno *Jam Christus astra*, qui est Ambrosianus, in laudibus *Beata nobis.* De Sancta Trinitate, ad vesperas *O lux beata*, in nocturno *Tu Trinita*[ti]*s*, in laudibus *Om. Deus* (!). De nativitate Joannis *Ut queant laxis*, qui est prolixus et dividi potest per nocturnum et laudes ; in Ambrosiano est *Almi prophetæ.* De apostolis Petro [et Paulo], *Aurea luce* et hymnus *Festum per omnes*, ex quibus Minores aliquot versus habent, reliquis resecatis; est Ambrosianus *Apostolorum passio.* De sancto Laurentio sunt plures: *En martyris, Martyris Christi,* qui sapphicus, et Ambrosianus *Apostolorum.* De Assumptione: *O quam glorifica* et *Gaude visceribus.* Et pro quolibet festo ad vesperas *Ave maris stella,* ad nocturnum *Quem terra* et ad laudes ejus portio *O gloriosa,* et Ambrosianus *Mysterium ecclesiæ.* De sancto Michaele, ad vesperas et laudes *Christe sanctorum,* in nocturno *Tibi Christe,* et Ambrosianus *Mysteriorum.* De sancto Martino locales plures habetis; Ambrosianus habet *Bellator armis.* In Dedicatione ecclesiæ communiter habetur *Urbs beata,* qui dividi potest ; Ambrosianus habet *Christe cunctorum.* De apostolis, ad vesperas *Exultet,* in nocturno *Æterna Christi munera,* qui est Ambrosianus prolixus et Romano more partim capitur in nocturno apostolorum, partim in nocturno martyrum ; de apostolis ad laudes *Ortu Phœbi.* De uno martyre, ad vesperas et laudes *Martyr Dei,* in nocturno *Deus tuorum,* qui est Ambrosianus, sed ibi prolixior : aliis placet hos duos e contra dici. De martyribus, ad vesperas *Sanctorum meritis,* in nocturno ut supra, in laudibus *Rex gloriose.* De uno confessore, *Iste confessor;* sunt alii duo : *Jesu redemptor omnium, Jesu corona celsior,* qui est Ambrosianus. De una virgine, ad vesperas et laudes *Jesu corona virginum,* qui est Ambrosianus, in nocturno *Virginis proles.* Omnes autem prædicti hymni et adhuc plures alii reperiuntur Romæ in Hymnariis antiquis, et aliqui in officio Ambrosiano. Necessarii autem hymni et authentici admitti debent; et securius de communi cantabuntur, quam locales et apocryphi admittantur.

II

Ces hymnes du Bréviaire romain, que l'on convient avoir
pour auteurs de saints et savants hommes, sont-elles aussi
pleines de fautes de prosodie que le prétendent les puristes?
Pour innocenter les poètes du christianisme primitif, on
rejettera volontiers ces erreurs sur l'ignorance ou l'incurie
des copistes. On prétend néanmoins que la préoccupation
de la piété ou les exigences de l'idée leur ont fait perdre de
vue l'élégance obligatoire de l'expression ; les temps bar-
bares au milieu desquels ils écrivaient les ont mis dans l'im-
possibilité de connaître les règles de la versification et jusqu'à la vraie quantité des syllabes (1).

Dans ses *Institutions poétiques*, demeurées longtemps
classiques, le jésuite Jouvancy n'hésite pas à reprocher au
poète Prudence son style barbare : *stylo utitur sæpe bar-
baro*. Au xiiie siècle, il est vrai, Guillaume Durand blâmait
certaines églises de s'abstenir de chanter des hymnes, toute
institution basée sur la tradition des Saints Pères devant
être respectée : on feint d'ignorer que cette abstention ne
provenait point de scrupules littéraires, mais d'un rit ou an-
térieur ou volontairement différent.

C'est peut-être à Pétrarque qu'on doit faire remonter la
première protestation des beaux esprits contre les barba-
rismes des Pères. Ces scrupules des précurseurs de la Renaissance allèrent s'accentuant au xve siècle et surtout au
xvie. Jacques Sannazar *(Actius Sincerus)* donna un des
premiers l'exemple de la réaction, en composant en l'honneur de saint Gaudiose et de saint Nazaire des hymnes

(1) Je crois avoir établi dans un travail précédent, *Poésie liturgique
du moyen âge : rythme,* qu'il faut chercher l'origine de cette poésie
dans les rythmes populaires, fondés sur l'accent ; les modèles de ses
compositions furent en général des mètres classiques. Opposée à la
poésie métrique, qui a pour base la quantité, la poésie rythmique des
hymnes et des proses liturgiques a pour fondement l'accent, le sylla-
bisme et l'assonance ou la rime.

qui joignaient la beauté et l'élégance à l'observation rigide des lois prosodiques. D'autres, simples éditeurs de recueils de poésies liturgiques, se bornèrent à des corrections plus ou moins heureuses pour les ramener aux règles de la versification classique. Citons Jacques de Lora, Jacques Wimpheling, Josse Clichtove, Antoine de Lebrija, Georges Fabricius, Georges Cassander, Pierre Rosales. Les retouches de certains bréviaires (Burgos et Tolède) ne touchent pas à la quantité. On se mit aussi à composer de nouvelles hymnes : il suffit à cet égard de rappeler les noms de Louis Vivès, Josse Clichtove déjà cité, Laurent Massorilli, Jacques Meyer.

L'église Romaine avait cru son honneur engagé à ne pas rester indifférente à ce mouvement, dont quelques partisans de la Réforme étaient les plus ardents promoteurs. Léon X, à qui la reconnaissance des lettrés a fait partager avec François Ier la gloire de donner son nom au siècle de la Renaissance, reconnut sans doute impossible la correction des hymnes qui avaient pour auteurs des Pères de l'Eglise, comme saint Ambroise et son illustre prédécesseur saint Grégoire le Grand. Il chargea un humaniste de Vicence, Zacharie Ferreri, de fabriquer de toute pièce un Hymnaire. Il ne rentre pas dans notre cadre de refaire, à la suite de Tiraboschi, la biographie de ce personnage, d'abord bénédictin, puis chartreux, plus tard notaire et chancelier du conciliabule de Pise, rentré en grâce auprès du pape, qui lui donna l'évêché de Guardia. Son travail hymnographique ne fut achevé qu'après la mort de son protecteur, sous le pontificat de Clément VII, qui avait succédé à Adrien VI, mort après moins de treize mois de pontificat. Cette tentative ne pouvait qu'être agréable à Jules de Médicis : simple cardinal, il avait agréé la dédicace d'une correction des hymnes du Bréviaire romain par François Priscianese. Ce « divinum opus », comme porte la souscription du livre (1), fut achevé d'imprimer à Rome

---

(1) Zachariæ Ferrerii Vicentini, Pont. Gardien. *Hymni novi ecclesiastici*, juxta veram metri et latinitatis normam a beatissimo Patre

le 1ᵉʳ février 1525. Il est précédé d'une lettre approbative
du Pape, en date (un peu arriérée) du 30 novembre 1523 :

Cum nuper pro divini cultus splendore hymnos ecclesiasticos
variis Omnipotentis Dei et Mariæ semper virginis et plurium
sanctorum diebus festis, ac totius anni circulo et tempori con-
gruentes veris metris, sensibus ac latinitate perspicuos, pro
suo et fidelium christianorum peritorumque præcipue sacer-
dotum solatio spirituali, texuerit et excusserit, eosque uno volu-
mine congestos et a plerisque viris doctis, etiam nonnullis ex
fratribus nostris S. R. E. cardinalibus, celebratos nobis et apostolicæ Sedi dicaverit et obtulerit, Nos animo tenentes in sacro
eloquio scriptum esse bonorum laborum gloriosum esse fruc-
tum..., ut quilibet etiam sacerdos eosdem hymnos etiam in
divinis legere et eis uti possit, tenore præsentium auctoritate
apostolica concedimus et mandamus.

N'y relevons que l'autorisation pour tout prêtre de s'en
servir dans les offices divins ; Merati affirme que personne
n'en usa jamais. Dans une dédicace, en beau latin cicéro-
nien, Ferreri expose clairement son but, ou plutôt celui du ·
pape :

Leo X..., cum esset rei ecclesiasticæ studiosissimus et ea qua
humanas litteras callebat sagacitate, odas sive hymnos, quibus
in Dei Maximi laudes quotidie utimur, a vera latinitate et metro
aberrare perpenderet, adjecit animum ut vel in melius refor-
marentur, vel juxta rectam mensuram et latinitatem, exclusa
barbarie, de novo excuderentur... Ad obeundum quoque id
laboris me summopere animavit et impulit quod, qui bona latinitate præditi sunt sacerdotes, dum barbaris vocibus Deum
laudare coguntur, in risum provocati sacra sæpenumero contem-
nunt.... Singulos quidem hymnos, prout a me quotidie prodi-
bant, perlegit Leo pontifex ac probavit.

Ensuite une préface, où le recteur de l'académie de
Padoue, Marin Becichemi, enchérit sur le mépris dans
lequel on tenait l'Hymnaire :

Clemente VII. Pont. Max. ut in divinis quisque eis uti possit approbati et... in lucem traditi. Sanctum ac necessarium opus.

Vides, mi lecior, quos passim canunt in templis hymnos, uti sunt omnes fere mendosi, inepti, barbarie referti, nullaque pedum ratione, nullo syllabarum mensu compositi, ut ad risum eruditos concitent et ad contemptum ecclesiastici ritus vel litteratos sacerdotes inducant. Litteratos dixi : nam ceteri, qui sunt sacri patrimonii helluones, sine scientia, sine sapientia, satis habent ut dracones stare juxta arcam Domini...

Grand Dieu ! il fallait un bien fort dégoût de l'antiquité chrétienne pour trouver souverainement belles des strophes comme celles que j'ai eu l'occasion de citer dans un travail précédent sur *le Bréviaire romain et sa dernière édition type* (1).

A ces odes on promettait une gloire, non seulement immortelle, mais éternelle *(hymnos æternitatem procul dubio consecuturos esse)*. Malgré leur mérite comme poésie latine (2), cet augure n'a pas été ratifié par la postérité.

Dans la pensée de Léon X et de Clément VII l'Hymnaire ne devait pas être seul sacrifié. Ferreri avait reçu commission de rédiger un nouveau Bréviaire ecclésiastique, beaucoup plus court et exempt de toute erreur. C'est lui-même qui en témoigne sur le titre de son livre :

Breviarium ecclesiasticum ab eodem Zacharia longe brevius et facilius redditum et ab omni errore purgatum prope diem exibit.

Ce livre, qui devait faire époque dans l'histoire de la liturgie, ne parut pas. Interrompu par la mort de l'auteur (1524), le travail fut repris par le cardinal François Quignonez, sur l'exhortation du même Clément VII. Il ne semble pas que le plan ait été conforme à celui de Ferreri : peut-être le pape Paul III, à qui le nouveau Bréviaire est dédié,

(1) *Université catholique* (1891), t. VIII, p. 120 (à part, p. 5).
(2) Ce mérite même a été contesté par Tiraboschi et par Arevalo. Quant à l'exemption de fautes historiques, on peut en juger par ces vers de l'hymne à saint Grégoire le Grand :
Ille Trajanum revocans ab orco
Efficit dignum superum catervis.

en donna-t-il un nouveau. Quignonez se borna à de nombreux retranchements, pour rendre la récitation plus commode : tout ce qui suppose un chant alternatif a disparu. Il garda quelques hymnes anciennes, sans leur faire subir toutes les corrections réclamées par les puristes du temps. Ce n'est pas le lieu de poursuivre l'histoire de ce Bréviaire fameux, qui parut à Rome en 1535 et dont l'usage fut discontinué en 1558, sur l'ordre de Paul IV (1). Etant encore évêque de Chieti, Pierre Caraffa s'était exprimé sévèrement sur l'inélégance du style des offices du vieux Bréviaire romain ; fondateur de la congrégation des Théatins, de concert avec saint Gaétan de Thienne, il voulut pourvoir ces clercs réguliers d'un office réformé. Devenu pape, il procéda à une revision du Bréviaire théatin, avec la pensée de le rendre obligatoire dans l'Eglise universelle : la mort l'en empêcha. Portée au concile de Trente par les puissances catholiques, la question du Bréviaire fut renvoyée à une commission, celle de l'Index. Elle se fit remettre le projet de Paul IV (1563); il lui parvint peu de mois avant la fin du concile, lequel, dans sa dernière séance, remit cette affaire au Saint-Siège. Pie IV nomma sur-le-champ une congrégation, dont les travaux marchèrent rapidement, car Renouard cite un *Breviarium Romanum ex decreto sacrosancti concilii Tridentini restitutum, Pii IV. Pont. Max. iussu editum*, sorti des presses de Paul Manuce à Rome en 1564. Son travail fut une œuvre de restauration, avec tendance conservatrice. Des réformes hymnologiques de Léon X et de Clément VII il ne fut plus question. Les hymnes restèrent ce qu'elles étaient, sauf celles pour la fête de la Trinité, — attribuées à Etienne de Tournai, — qui disparurent. Pie V fit une promulgation solennelle du nouveau Bréviaire en 1568.

On continua de composer des hymnes à la mode antique. A son hymnaire dominicain, traduit en vers italiens, le P. Séraphin Razzi joignit des hymnes nouvelles de sa

_____

(1) Il vient d'être réimprimé à Cambridge d'après l'édition de Venise de 1535.

façon (Perugia, 1587), « poco o niente curandosi della lunghezza o brevità delle sillabe », d'après son censeur le P. Tim. Buonamici. Les hymnes ecclésiastiques de Benoît Arias Montanus (Autuerpiæ, 1589) sont plutôt des odes sacrées, dans lesquelles « nec latinitatem, nec poeticum leporem et numerum, aut stylum et elegantiam desideres », au dire de Pierre da Valentia. Marc-Antoine Muret composa aussi, à l'instigation du duc de Mantoue, des hymnes qui se distinguent par l'élégance de l'expression et la pureté du mètre, ordinairement l'asclépiade.

Les puristes ne consentaient pas à s'accommoder de l'état dans lequel le Bréviaire de saint Pie V avait laissé les hymnes. Sur ce point et sur d'autres Clément VIII conçut le projet d'une nouvelle correction. L'impulsion semble être venue d'Espagne ; il est fâcheux de rencontrer dans cette affaire le P. Jérôme Roman de la Higuera, dont les falsifications historiques ont rendu le nom tristement fameux. La bibliothèque Vallicellane, à Rome, conserve les remarques du cardinal Silvio Antoniano et du jésuite Fulvio Cardulo sur les hymnes. Comme toujours on convenait qu'elles fourmillent d'erreurs prosodiques *(scatent erroribus syllabarum)*, mais on se borna à corriger les fautes notoires des imprimeurs, avec celles de quantité que la transposition d'une lettre ou d'une syllabe permettait de rectifier, surtout dans les pièces dues à saint Ambroise et à Prudence, car on ne pouvait supposer que ces génies eussent ignoré les règles de la poésie latine. On supprima en tête des hymnes les noms de leurs auteurs, vrais ou supposés, que la réforme de saint Pie V avait maintenus : à tant faire, que n'a-t-on étendu cette suppression au *Te Deum* et au *Quicumque* ! On ajouta deux nouvelles hymnes : *Fortem virili pectore* pour les saintes femmes et *Pater superni luminis* pour la fête de Marie-Madeleine, qui avaient comme auteurs, l'une le cardinal Antoniano, l'autre le cardinal Bellarmin, tous deux correcteurs de la nouvelle édition. On décida de n'admettre désormais que les pièces rigoureusement conformes à la prosodie. Le Bréviaire de Clément VIII parut en 1602.

Vingt ans après, montait sur le siège pontifical un lettré, natif de Florence, Maffeo Barberini, qui prit le nom d'Urbain VIII. Outre l'hébreu, il parlait le grec avec une telle abondance qu'on lui donna le surnom d'*Apis attica*. Ses préoccupations se tournèrent bientôt vers une nouvelle correction du Bréviaire. De l'avis d'hommes pieux et doctes, il restait encore bien des réformes à y opérer :

Nos... traxere... piorum doctorumque virorum judicia et vota, conquerentium in eo contineri non pauca, quæ sive a primo nitore institutionis excidissent, sive inchoata potius quam perfecta forent ab aliis, certe a Nobis supremam imponi manum desiderarent.

L'Hymnaire surtout était battu en brèche. Bien qu'Urbain VIII cultivât lui-même la poésie avec succès, comme en témoignent ses volumes de *Rime* et de *Poemata*, il confia à d'autres le soin de l'améliorer, soit que les occupations de sa charge ne lui en laissassent pas le loisir, soit qu'il reconnût son incapacité ; ce qui le ferait échapper à la caustique censure de Cicéron: *Adhuc neminem cognovi poetam... qui sibi non optimus videretur.* Les correcteurs furent quatre jésuites : Famiano Strada, Tarquinio Galluzzi, Mathias Sarbiewski et Jérôme Petrucci. Le pape résume leur œuvre en ces termes :

In eo Hymni (paucis exceptis) qui non metro, sed soluta oratione aut etiam rhythmo constant, vel emendatioribus codicibus adhibitis, vel aliqua facta mutatione, ad carminis et latinitatis leges, ubi fieri potuit, revocati ; ubi vero non potuit, de integro conditi sunt : eadem tamen, quoad licuit, servata sententia.

On fit au Vatican, en 1629, une édition séparée des nouvelles hymnes, en trois formats ; elle est précédée d'un décret de la S. Congrégation, qui en permet dès lors l'usage à la place des anciennes. C'était comme une épreuve, qu'on voulait au préalable soumettre au monde savant des philologues et des liturgistes : l'expérience faite avec l'Hymnaire de Zach. Ferreri n'était pas encourageante. Dans une préface

les correcteurs anonymes rendent raison de leurs procédés.
On n'a gardé intégralement que les trois hymnes de saint
Thomas d'Aquin pour la fête du T.-S. Sacrement et l'*Ave
maris stella* :

Viri sanctissimi, si non certis illos pedibus, aliquibus tamen
incisis partiti, auribus indulgentes, oratione non omnino soluta
scripserunt.

On a respecté le plus possible les pièces qui s'autorisent
des grands noms d'Ambroise, Grégoire, Prudence, Sedulius, Fortunat :

Hymni, quos Ambrosius, Gregorius, Prudentius, Sedulius,
Fortunatus aliique poetæ magni nominis ediderunt,... si quando
legem latinitatis et carminis neglexerunt, quam minima mutatione syllabæ revocantur ad legem.

Toujours le même principe faux ! Pour le reste, on s'est
donné libre carrière, tout en laissant quantité d'expressions
qui demandaient encore à être améliorées :

In omnibus relicta sunt multa, quæ fieri meliora potuissent.

Le nombre des syllabes prétendues fausses qui furent
ainsi amendées s'élève à 952 : ce sont les correcteurs euxmêmes qui en ont fait le compte, 952 syllabes sur moins
de 1.800 vers ! Le chiffre des hymnes sur lesquelles on
opéra n'est pas fort élevé : 82 environ ; cela fait une
moyenne de près de 12 corrections par pièce. Un mineur,
pénitencier du Latran, Louis Cavalli, se fit fort de prouver
que les changements apportés à l'œuvre primitive n'étaient
pas toujours irréprochables. Le P. Théoph. Raynaud
insista longuement sur le mot *Paraclitus,* qu'on aurait dû
lire *Paracletus;* etc.

Pour permettre aux lecteurs d'apprécier en connaissance
de cause l'œuvre des poètes commissionnés par Urbain VIII,
j'ai mis en face, dans un travail précédent (cité plus haut),
l'ancien et le nouveau texte de deux hymnes : dans l'une,

celle des vêpres de l'Avent, en 5 strophes, 13 vers sur 20 ont été complètement transformés, 12 mots seulement conservés ; dans l'autre, celle des laudes au temps Pascal, la proportion est plus grande encore : 6 mots ont trouvé grâce !

En voici une troisième, celle des vêpres au temps Pascal, dans laquelle sur huit strophes on n'a maintenu que cinq vers, plus onze mots, dont deux monosyllabes ; vers et mots ont parfois changé de place :

TEXTE PRIMITIF	TEXTE RÉFORMÉ
Ad cœnam Agni providi Et stolis albis candidi, Post transitum maris Rubri, Christo canamus principi.	*Ad* regias *Agni* dapes, *Stolis* amicti candidis, *Post transitum maris Rubri,* *Christo canamus principi.*
Cujus corpus sanctissimum, In ara crucis torridum, Cruore ejus roseo Gustando, vivimus Deo.	Divina *cujus* charitas Sacrum propinat sanguinem, Almique membra corporis Amor sacerdos immolat.
Protecti Paschæ vespere A devastante Angelo, Erepti de durissimo Pharaonis imperio.	Sparsum cruorem postibus Vastator horret Angelus, Fugitque divisum mare : Merguntur hostes fluctibus.
Jam Pascha nostrum Christus est, Qui immolatus Agnus est, Sinceritatis ázyma, Caro ejus oblata est.	*Jam Pascha nostrum Christus est,* Paschalis idem victima, Et pura puris mentibus *Sinceritatis azyma.*
O vere digna hostia, Per quam fracta sunt Tartara, Redempta plebs captivata, Reddita vitæ præmia !	*O vera cœli victima,* Subjecta cui *sunt Tartara,* Soluta mortis vincula, Recepta *vitæ præmia.*
Consurgit Christus tumulo, Victor redit de barathro, Tyrannum trudens vinculo Et Paradisum reserans.	Victor subactis inferis Trophæa Christus explicat, Cœloque aperto, subditum Regem tenebrarum trahit.
Quæsumus, auctor omnium, In hoc Paschali gaudio, Ab omni mortis impetu Tuum defende populum.	Ut sis perenne mentibus Paschale, Jesu, gaudium, A morte dira criminum Vitæ renatos libera.

Gloria tibi, Domine,
Qui surrexisti a mortuis,
Cum Patre et Sancto Spiritu,
In sempiterna sæcula.

Deo Patri sit gloria,
Et Filio, qui *a mortuis*
Surrexit, ac Paraclito,
In sempiterna sœcula.

J'ajoutais que toutes les pièces du vieil Hymnaire n'avaient pas été aussi maltraitées, mais on conviendra que l'antiquité méritait plus de respect. Sans reprendre les arguments pour et contre cette réforme, je me bornerai à deux points, l'un de fait, l'autre de droit. Le nouveau Bréviaire, promulgué le 25 janv. 1631 par la bulle *Divinam psalmodiam* et imprimé au Vatican l'année suivante, fut mal accueilli du monde ecclésiastique. L'hymnaire surtout, avec adjonction de poésies en l'honneur de sainte Martine de Rome et de sainte Elisabeth de Portugal, œuvre personnelle d'Urbain VIII, agréa peu. La basilique de St-Pierre, celle même du Latran, « mère et maîtresse de toutes les églises de la chrétienté », l'ont toujours rejeté en bloc. M. l'abbé Pimont, dans un excellent commentaire sur *les Hymnes du Bréviaire romain*, que la mort l'a empêché de terminer, a montré avec une juste mesure et une parfaite déférence l'exactitude de ce mot qui courut bientôt : *Accessit latinitas, recessit pietas.* Ceux-là seuls qui n'ont jamais approfondi dans ces hymnes le sens mystique, presque toujours superposé au sens obvie, ont osé affirmer que les idées étaient restées les mêmes. Le meilleur mode de démonstration sera de reproduire ici un fragment du commentaire de M. Pimont. Il y aura double avantage : faire admirer tout ce qu'il y a de merveilleusement chrétien dans cette antique poésie ; justifier son maintien jusqu'à Urbain VIII, légitimer au besoin le retour que la présente publication a pour objet de solliciter respectueusement.

« Cette première hymne pascale [transcrite plus haut] est tout à la fois le chant de triomphe à la gloire du Christ ressuscité, et celui de son peuple délivré de la mort. Pour l'apprécier comme il convient, il faut l'étudier au texte primitif, où le symbolisme lui imprime un éclat que nous croyons bien affaibli dans la leçon actuelle.

Les deux premiers vers de *la* strophe initiale se formulent ainsi au texte primitif :

> Ad cœnam Agni, providi
> Et stolis albis candidi.

Cœnam est le mot évangélique désignant toujours le grand, le solennel repas, la Cène eucharistique ici-bas : « Homo quidam fecit cœnam magnam » (LUC., XIV, 16) ; « Convenientibus ergo vobis in unum, jam non est dominicam cœnam manducare » (*I Cor.*, XI, 20), et au ciel les noces éternelles de l'Agneau : « Beati qui ad cœnam nuptiarum Agni vocati sunt » (*Apoc.*, XIX, 9). Comment a-t-on pu se résigner à éliminer ce mot ? — *Providi* rappelait l'exhortation de l'Apôtre : « Probet autem seipsum homo, et sic de pane illo edat et de calice bibat » (*I Cor.*, XI, 28), et complétait sa signification dans le vers suivant, qui, par le qualificatif *candidi*, visait directement l'état innocent des convives, dont les robes éclatantes de blancheur ont été, au sacrement de Pénitence, lavées dans le sang de l'Agneau.

La strophe II est celle qui s'éloigne le plus de l'original..... Nous n'y trouverions pas à redire, nous serions même les premiers à louer sa forme élégante, si la trame du symbolisme n'y était brusquement rompue, comme il est facile de le voir en rapprochant la leçon actuelle de la strophe primitive que voici :

> Cujus corpus sanctissimum   (*al.* C. sacrum cor-
> In ara crucis torridum,   pusculum),
> Cruore ejus roseo
> Gustando, vivimus Deo.

Les Israélites, sur l'ordre de Dieu, célébrèrent la Pâque par la manducation d'un agneau rôti, qui fut le type de l'*Agneau* divin consumé sur l'autel de la croix par le double feu de la souffrance et de l'amour — *in ara crucis torridum.* — Toute la tradition l'a ainsi entendu.....

Mais Jésus n'est pas seulement l'Agneau de notre Pâque,

il en est aussi le merveilleux *Poisson*, qui, selon l'interprétation de saint Grégoire, ayant daigné se cacher dans les eaux du genre humain, a bien voulu aussi se laisser prendre à l'hameçon de notre mort, pour être *torréfié* dans les angoisses au temps de sa passion....

Quelle que soit, au point de vue littéraire, la valeur de la nouvelle strophe, nous offre-t-elle un seul vers, sans excepter même le 4ᵉ, devant lequel les puristes sont, à notre sens, beaucoup trop en admiration (1), qui soit vraiment de taille à racheter l'absence du vers original : *In ara crucis torridum*, lequel accuse si nettement le double symbolisme de l'Agneau et du Poisson, consumés sur la croix pour le salut du monde, et sa céleste alimentation jusqu'à la fin des siècles ?

Le dernier vers : *Gustando vivimus Deo*, couronne d'une ravissante façon cette strophe qui, nous osons l'espérer, nous reviendra un jour.

Mais poursuivons notre commentaire : [IIIᵉ strophe.]

Que les vers plus ou moins classiques du correcteur aient pu donner le change au lecteur peu initié aux mystiques beautés du grand style chrétien, on se l'explique facilement ; mais que, après un examen attentif de la strophe primitive, quelqu'un puisse croire encore que l'ancien hymnographe n'y a pas même indiqué, « probablement parce que l'expression lui faisait défaut », des mystères que l'Eglise célèbre dans les fêtes pascales, c'est chose impossible. Le parallèle des trois premières strophes de l'un et de l'autre texte... suffira amplement à la démonstration....

Dans la IIIᵉ, l'absence du double vers : *Erepti de durissimo Pharaonis imperio*, n'est pas moins regrettable au point de vue symbolique. Toute la tradition, en effet, n'at-elle pas reconnu dans le joug intolérable que Pharaon faisait peser sur Israël le dur esclavage dont le démon avait

---

(1) Ce vers : *Amor sacerdos immolat*, quoi qu'on en dise, ne nous paraît pas du tout dans le caractère de la pièce. N'est-il pas plutôt une recherche ici qu'une beauté sérieuse ?

imposé la honte à toute l'humanité pécheresse, et auquel
pouvait seul l'arracher par l'effusion de son sang l'Agneau
immolé pour elle sur la croix? *Ibi prosternitur Pharao,*
dit saint Bernard, *hic Diabolus.*

Comment a-t-on pu dire, sans s'illusionner étrangement,
que Sarbiewski, mieux que l'auteur, a mis en lumière le
sens de ces deux dernières strophes? Quelle en est donc la
pensée maîtresse, celle qui préside à toute l'hymne, si ce
n'est cette vie divine à laquelle nous fait participer la
manducation du corps et du sang du Christ ressuscité,
qui nous protège contre l'Ange dévastateur et nous affran-
chit à jamais de la cruelle domination de Satan? Or cette
pensée n'est-elle pas clairement exprimée, et par les termes
les plus saillants, dans la double strophe en question? Et
n'est-ce pas en vain, au contraire, que nous la cherchons
dans la retouche du poète polonais, dont rien n'accuse
davantage l'infirmité, comme le délayé de son inopportune
abondance? Alors que l'auteur, dans une période bien
autrement dogmatique, célèbre l'état du chrétien racheté,
vivant maintenant de la vie de Dieu, protégé et défendu
par lui contre les attaques du démon, à l'empire duquel le
Christ l'a si glorieusement arraché, lui correcteur perd de
vue cette grande synthèse et s'arrête, sans conclure, à des
détails que nous connaissons tous parfaitement déjà, et
dont la description plus ou moins brillante n'apporte certainement rien de nouveau à l'esprit. Si, en effet, le vers :
Post transitum maris Rubri, ne nous rappelle pas, dès le
début, le passage de la mer Rouge, avec l'immersion de
Pharaon dans les flots, en serons-nous mieux informés
par ce double vers : *Fugitque divisum mare : Merguntur hostes
fluctibus?* Et si les mots ont fait ici défaut à quelqu'un,
ce n'est pas assurément à l'ancien hymnographe..., mais
bien plutôt à Sarbiewski, lequel, au point de vue des
grandes lignes, dont il aurait dû conserver la trame,
n'ayant su trouver les expressions que réclamait le thème
de l'auteur, a cru pouvoir s'en écarter pour se mettre à
l'aise. Sera-t-il plus heureux dans la correction des strophes suivantes? Le lecteur en jugera.

[ɪvᵉ strophe]. Pour goûter ces pensées dans toute leur franche expression, il nous faut revenir à la leçon primitive :

> Jam Pascha nostrum Christus est,
> Qui immolatus Agnus est,
> Sinceritatis azyma,
> Caro ejus oblata est.

A l'auteur de cette belle strophe, nous pardonnons volontiers la triple rencontre de voyelles non élidées, qui ne nuit en aucune façon d'ailleurs à la bonne exécution du chant.

Rien dans *la* vᵉ strophe qui puisse embarrasser le lecteur... Qu'il nous suffise donc de mettre encore le double texte en parallèle, puisque c'est le meilleur moyen de démontrer la supériorité de l'original sur la leçon nouvelle.

L'auteur avait écrit :

> O vere digna hostia,
> Per quam fracta sunt Tartara,
> Redempta plebs captivata,
> Reddita vitæ præmia.

Quelle énergique hardiesse, et quelle vérité d'expression, dans ces vers qui, par un double coup de pinceau, dramatisent si bien à nos yeux la grande scène de la descente du Sauveur aux enfers !

L'auteur ne dit pas seulement, comme la correction, sous une forme froidement didactique, que l'enfer lui est soumis *(Subjecta cui sunt Tartara)*, et que les liens de la mort sont rompus *(Soluta mortis vincula)*, mais il nous fait assister à ce spectacle nouveau, tout à la fois terrifiant et joyeux, du Christ descendant aux enfers, pour en briser les portes et les redoutables barrières, derrière lesquelles le démon retient encore sous son joug ce peuple d'élus gémissant dans l'attente de Celui qui venait enfin l'affranchir à jamais de sa longue captivité. L'Eglise ne s'est pas montrée moins poé-tique, lorsque, aux matines du Samedi saint, elle s'écrie : « Hodie portas mortis et seras pariter Salvator noster disrupit; destruxit quidem claustra inferni et subvertit potentias diaboli ».

Captivata est une belle locution du néo-latin : elle a été employée par saint Augustin, saint Prosper, saint Venance Fortunat. Elle rappelle ce passage de l'Apôtre : « Ascendens in altum, captivam duxit captivitatem » (*Eph.* IV, 8).

Recepta, du nouveau texte, ne nous semble pas trop équivaloir à *reddita*. En écrivant *Reddita vitæ præmia*, l'auteur formulait mieux.... la vérité dogmatique et se trouvait.... en heureuse conformité avec ce vers de l'hymne matutinale de l'Ascension :

> Reddas coronas perditas.

. . . .

Quant à la strophe finale, quel risque couraient donc nos correcteurs en y maintenant ces deux derniers vers :

> Ab omni mortis impetu
> Tuum defende populum ?

Lesquels, sans nuire assurément au sens mystique, n'excluaient pas le souvenir de la légende, que l'expression si fortement accentuée : *mortis impetu*, semblait vouloir consacrer. »

M. Pimont conclut ailleurs, sur un point philologique : « Cette discussion, trop longue peut-être..., flattera peu le goût de certains lecteurs ; mais nous espérons que tous les vrais amis de la vieille hymnographie chrétienne ne nous sauront pas mauvais gré de nos efforts, pour venger ici, comme en cent autres endroits, le texte primitif, dont les altérations, plus ou moins spécieusement motivées, ont été, croyons-nous, rarement heureuses. »

Au maintien des hymnes traditionnelles on a objecté l'incertitude qui planait — qui plane encore — sur les auteurs auxquels elles doivent être attribuées. Walafrid Strabon constatait déjà de son temps que certaines hymnes, rapportées à saint Ambroise, n'étaient certainement pas de lui. Sans arriver, comme je l'ai dit ailleurs, à faire le départ exact des pièces qui lui appartiennent indubitablement de celles qui ont été faites à son imitation, la critique est parvenue à restreindre le champ des hésitations. Mais la question n'est nullement là ; c'est plutôt le lieu de rappeler la grande règle de saint Vincent de Lérins : *Quod semper, quod ab omnibus, quod ubique.* Peut-on constater, au moyen âge, l'usage pour chaque fête d'une ou plusieurs hymnes communément admises dans les églises de la chrétienté ? et pour chaque pièce est-il possible de reconnaître un texte plus généralement adopté ? Je le crois, en dépit des variantes nombreuses des manuscrits. La situation des hymnes, quant à leur texte original, n'est ni meilleure ni pire que celle des auteurs classiques les plus connus. Il y a même cette différence en leur faveur, que ces textes liturgiques étaient soumis au contrôle perpétuel des clercs, c'est-à-dire des hommes les plus instruits de leur époque. Je sais bien qu'on a fréquemment copié, qu'on a même imprimé des passages rendus inintelligibles, intraduisibles par l'admission de certaines fautes. N'en est-il pas encore de même de beaucoup de classiques ? Bien que la Renaissance ait attiré plus particulièrement l'attention sur eux et que depuis lors les admirateurs exclusifs de la forme en aient soumis le texte à d'intarissables commentaires, que d'incertitudes encore dans cette portion du champ scientifique ? Pour s'en convaincre il suffit de lire une année d'une Revue de philologie.

Les correcteurs d'Urbain VIII conviennent que les manuscrits de la bibliothèque Vaticane fournissent des variantes qui remplaceraient avantageusement certaines leçons, que l'on tenait de leur temps pour consacrées par l'antique usage :

Illud etiam ex variis scriptionibus in bibliotheca Vaticana servatis exploratum est, plurimas in pluribus hymnis voces, quæ nunc leguntur et pro antiquis habentur, authorum esse recentiorum.

Que n'ont-ils borné là leurs corrections ! Cette exploration intelligente des vieux textes, un simple prêtre théatin, I. Carus (pseudonyme du vénérable cardinal Joseph-Marie

Tommasi), l'entreprit sur la fin du siècle. Le sous-titre de son *Psalterium... vna cvm Canticis... et Hymnarivm atque Orationale* (Romæ, 1683) en indique le but et les sources : *editio ad veterem ecclesiasticam formam ex antiquis MSS. exemplaribus digesta ;* expressions qu'il faut compléter par ces mots de la préface :

Ut ea qua decebat fide ageremus, Hymnos ipsos sæpius mendis respersos, sublatis tantummodo manifestioribus erratis, reliquis vero retentis, integros prout in Codicibus reperiuntur, in lucem proferimus ;

et par ceux-ci de l'éditeur de ses *Opera omnia* (Romæ, 1747), Antoine-François Vezzosi :

Sequuntur veteres Hymni, aut omnino jam obsoleti, aut illis verbis illisque sententiis constantes, quemadmodum ante eorundem emendationem a majoribus olim in sacris ritibus canebantur : quod rerum sacrarum cujusvis generis studiosis commendatissimum sit oportet ob veteris Ecclesiæ mores, disciplinam ipsamque fidem, quam nobis implexam phrasibus repræsentant.

Cette dernière phrase sera la meilleure recommandation de notre recueil, auquel elle aurait pu servir d'épigraphe. La tradition est chose sacrée en liturgie, comme dans toutes les branches de la science ecclésiastique. Voilà la base véritable sur laquelle il fallait établir la correction de l'Hymnaire. L'Eglise, dans sa souveraine autorité, aurait tranché entre le texte primitif restitué et l'usage plus ou moins constant du moyen âge.

Les 339 pièces de ce volume font parcourir tout le cycle de l'année liturgique ; elles sont partagées en quatre séries : commun et propre du temps (37 et 97), commun et propre des saints (45 et 160). C'est l'Hymnaire d'un Bréviaire et le Prosaire d'un Missel fondus ensemble, sans parler d'un petit nombre de tropes, qui se rattachent à ce dernier. Je ne veux point dire qu'à la fin du moyen âge aucune église ait possédé des livres liturgiques aussi largement fournis de poésie. Ce volume est une Anthologie, si l'on veut, mais basée sur l'examen attentif des usages de presque toute la chrétienté. Ce travail d'investigation a été singulièrement facilité par mon *Repertorium hymnologicum*, ou plutôt sans cet ouvrage il eût demandé des recherches et des peines infinies. Arrivera-t-on à constater que pour telle fête une pièce était plus communément chantée que celle admise ici ? je ne le crois pas. La partie la plus difficile du travail a été le choix des variantes : elles sont nombreuses, comme on le verra, et encore n'ai-je donné en notes que les principales (classées d'après l'ordre décroissant d'importance et séparées par ⸺). Les bases d'opération de notre critique ont été Tommasi pour les hymnes et M. l'abbé Misset pour les proses (1), avec une teinte plus conservatrice que radicale ; c'est affaire de tempérament : il est à cet égard aussi difficile de se perfectionner que de se pervertir. Sauf pour certaines proses, où j'ai suivi l'autorité entraînante du dernier travail sur Adam de Saint-Victor, je n'ai guère usé de la critique interne. Dans l'*Ave maris stella*, par exemple, j'ai laissé subsister deux fautes dont le redressement n'est autorisé par aucun manuscrit : au vers 13, « monstra te esse matrem », il y a une syllabe de trop, « te » doit être explétif, d'autant plus que l'élision n'avait pas lieu à cette époque ; le vers 19 « nos culpis solutos », est faux : le rythme binaire demande « culpis nos solutos ». Je n'insisterai pas autrement sur le soin minutieux qui a présidé à l'établissement de ces textes. Pour la correction typographique et la disposition intelligente des pièces, j'ai été secondé par l'imprimeur. Il a bien voulu mettre à notre service la collection complète de ses planches, qui ont permis de donner à ce volume un mérite particulier d'illustration. La maison Desclée a réalisé, en fait d'imagerie religieuse, un progrès considérable. Il sera plus sensible, si on veut bien comparer les vignettes dont ce livre est prodigue avec les méchantes et souvent inconvenantes gravures des Bréviaires gallicans du XVIIIe siècle. *Et prodesse volens et delectare.*

(1) Les titres de tous les recueils mis à profit — et le chiffre en est élevé — figurent dans le t. I de cette *Bibliothèque liturgique*, pp. 57-63. et 93-4.

Lyon. — Imprimerie Emmanuel VITTE, rue Condé, 30.